Pe. AFONSO PASCHOTTE, C.Ss.R.

Novena de São Bento

DIREÇÃO EDITORIAL:
Pe. Fábio Evaristo Resende Silva, C.Ss.R.

REVISÃO:
Cristina Nunes

COORDENAÇÃO EDITORIAL:
Ana Lúcia de Castro Leite

DIAGRAMAÇÃO E CAPA:
Bruno Olivoto

ISBN 85-7200-710-5

1ª edição, 2000

21ª impressão

Todos os direitos reservados à **EDITORA SANTUÁRIO** – 2024

Rua Pe. Claro Monteiro, 342 – 12570-045 – Aparecida-SP
Tel.: 12 3104-2000 – Televendas: 0800 0 16 00 04
www.editorasantuario.com.br
vendas@editorasantuario.com.br

São Bento
traços de uma vida

Bento nasceu na província de Núrsia, Itália, lá pelo ano 480, de família de alta nobreza. Seus pais, Eutrópio e Abundância, enviaram-no — ainda muito jovem — para os estudos de Letras e Retórica na cidade eterna de Roma. O ambiente não era dos melhores e marcado pela decadência do império romano. Bento não conseguiu respirar esse ar por muito tempo. Desiludido e enojado de tudo, foi buscar Aquele que já vinha procurando havia muito tempo, na solidão do deserto. Galga as montanhas de Núrsia e fixa morada numa gruta. Com ele somente Cirila, sua antiga ama de leite, a quem muito prezava. Mas o silêncio rompe-se e o mundo dos homens invade sua privacidade. Um milagre da reconstituição de um vaso, largamente difundido por Cirila, põe tudo a perder. Bento vê-se forçado a deixar Cirila e sua gruta às escondidas e vai para Subiaco. Uma outra gruta será agora sua casa e a casa de seu Deus.

Esta experiência mais demorada e menos perturbada marca sua maturidade na vida monacal.

Da leitura das Regras de São Pacômio e São Basílio, grandes expoentes do monacato oriental, ele desenha o projeto de uma nova comunidade monacal. Inicia, então, a experiência de uma vida comunitária mais estruturada, com a construção do mosteiro de Montecassino, que se torna o coração do movimento beneditino. O centro da comunidade é a pessoa de Jesus, buscado como eixo de todo movimento comunitário. Uma vida levada na oração e no trabalho, no equilíbrio e na moderação, na hospitalidade, na autossustentação. Para levar a cabo este projeto há um guia, o abade (abba: pai).

Sua irmã, Santa Escolástica, concluiu sua inspiração, fundando mosteiros femininos e dando origem às beneditinas.

Os mosteiros beneditinos tiveram admirável expansão por toda a Europa. Indescritível sua influência na sociedade e na Igreja. Na Idade Média foram "centros de civilização integral, faróis de evangelização e ciência, escolas de agricultura". Os beneditinos deram à Igreja 23 Papas, cerca de 5 mil bispos e por volta de 3 mil santos canonizados.

São Bento faleceu em Montecassino, no dia 21 de março de 547, aos 67 anos de idade. Previu sua própria morte e pediu que preparassem sua sepultura, seis dias antes de sua morte. Muito doente e abatido pelas penitências, participou da missa, comungou. Depois, de pé, com os braços abertos, sustentado pelos discípulos, repousou definitivamente em Deus, que com tanta sede buscara. No calendário da Igreja duas são suas festas: no dia 21 de março, quando é celebrado como Patriarca dos Monges Ocidentais, e no dia 11 de julho, como Padroeiro da Europa.

Apresentamos esta sua novena. Num mundo marcado pela agitação, pelo materialismo e pelo barulho, São Bento aponta-nos o valor do silêncio, da interiorização, da escuta de Deus, do mundo, de nós mesmos. Mais do que nunca hoje sentimos a necessidade de "ir ao deserto". Só assim nossa vida será fecunda. Numa sociedade marcada pelo egoísmo e pelo subjetivismo, São Bento propõe o ideal da vida comunitária, no ritmo da comunhão e da participação.

Por outro lado São Bento provoca-nos a fazer da vida uma caminhada, um itinerário espiritual, na volta contínua às fontes do Evangelho, do seguimento de Jesus, no repouso em Deus. Este itinerário exige de nós um combate contínuo contra as forças que nos pedem comodismo, fixismo, egoísmo... É o assim chamado "combate espiritual".

É muito difundida entre nós sua "medalha milagrosa". Triste seria se nos apegássemos a ela como um amuleto ou objeto mágico que por si e em si mesmo nos livra do mal, do demônio. É preciso que na medalha vejamos a visita de Deus e sua vitória sobre as forças do mal, o Senhor continuando a caminhar no meio de nós e por meio de sinais sensíveis, produzindo vida e vida em abundância.

São Bento, rogai por nós!

1º Dia
Viver a partir de Jesus

1. Oração

Pelo sinal da Santa Cruz,
livrai-nos, Deus, nosso Senhor,
dos nossos inimigos. Amém.
A Cruz sagrada seja minha luz.
Não seja o Dragão o meu guia.
Retira-te, Satanás!
Nunca me aconselhes coisas vãs.
É o mal que tu ofereces.
Bebe, tu mesmo, os teus venenos.

2. Olhando para a vida de São Bento

São Bento colocou a pessoa e o Evangelho de Jesus como as realidades mais importantes de sua vida. Vivia a partir de Jesus, com Jesus e para as coisas do reino de Deus. Com isso via as pessoas e o mundo de forma diferente. Dava valor máximo a Jesus, desprendendo-se de tudo o que ocupava seu lugar no coração. Aprendeu a esvaziar-se de tudo para se encher de Deus.

3. A Palavra de Deus que São Bento viveu

"Todas as coisas que para mim eram ganhos, eu as considerei como perda por causa de Cristo. Considero que tudo é perda em comparação deste bem supremo que é o conhecimento de Jesus Cristo, meu Senhor. Por causa dele, perdi tudo e considero tudo isso como lixo, a fim de ganhar a Cristo e ser achado nele, não já com uma justiça que seja minha, que vem da lei, mas com a que vem pela fé em Cristo, a justiça que vem de Deus e se apoia na fé" (Fl 3,7-9).

Leia mais vezes esse texto bíblico, meditando-o, saboreando suas palavras.
— O que tive ou tenho de perder por causa de Jesus?

4. Pedindo a intercessão de São Bento

Senhor, piedade de nós!
Senhor, atendei-nos.
Santa Maria, Mãe de Deus, rogai por nós!

São Bento, bênção de Deus para nós, rogai por nós!
São Bento, pérola de santidade, rogai por nós!
São Bento, estrela que brilha no céu da Igreja, rogai por nós!
São Bento, dominador dos demônios, rogai por nós!

5. Oração a São Bento

Glorioso São Bento, que fostes sempre amigo e pai dos pequenos e necessitados, olhai para nós que hoje recorremos a vós. Vede nossas necessidades espirituais e materiais e socorrei-nos. Com muita confiança pedimos: concedei-nos esta graça que tanto necessitamos *(faz-se o pedido da graça)*. Ajudai-nos no seguimento de Jesus e na vitória contra as tentações que se nos apresentam. Apoiados no poder da cruz e na força de vossa intercessão, esperamos um dia chegar, vitoriosos, à glória eterna do céu. Amém.

2º Dia
Escutar a Deus

1. Oração (p. 7)

2. Olhando para a vida de São Bento

São Bento fez, de início, a experiência da solidão, do silêncio profundo da escuta de Deus, de si mesmo e do mundo. E descobriu o valor da vida em comunidade, junto com irmãos de mesmo ideal. Deus não nos quer sozinhos, mas sempre em comunhão com os irmãos: juntos, repartindo a vida, a fé; juntos, caminhando pelas estradas da vida, ajudando-nos uns aos outros, repartindo perdão, sendo servidores uns dos outros.

3. A Palavra de Deus que São Bento viveu

"Não deis oportunidade alguma ao diabo. Não contristeis o Espírito Santo com o qual Deus vos marcou como um sinete para o dia da libertação. Qualquer amargura, irritação, cólera, gritaria, injúrias, tudo isso deve desaparecer do meio de vós, bem como toda espécie de maldade. Sede bons uns para com os outros, sede compassivos; perdoai-vos mutuamente como Deus vos perdoou em Cristo. Imitai a Deus, visto que sois filhos que Ele ama; vivei no amor, como Cristo nos amou e se entregou a si mesmo a Deus por nós como oblação e vítima, como perfume de agradável odor" (Ef 4,27.30-32—5,1-2).

Leia mais vezes esse texto bíblico, meditando-o, saboreando suas palavras.
— A quem estou devendo o amor evangélico?
— Vivo no amor?

4. Pedindo a intercessão de São Bento

Senhor, piedade de nós!
Cristo, piedade de nós!
Santa Maria, Mãe de Deus, rogai por nós!
São Bento, propagador do amor, rogai por nós!
São Bento, inspirador da vida de irmãos, rogai por nós!
São Bento, modelo dos que vivem em comunidade, rogai por nós!
São Bento, dominador do demônio do egoísmo, rogai por nós!

5. Oração a São Bento (p. 9)

3º Dia
Resistir às forças do mal

1. Oração (p. 7)

2. Olhando para a vida de São Bento

A vida de São Bento foi um combate, uma luta contra as forças do mal. E ele as venceu todas. Teve de lutar contra os demônios, muitas e muitas vezes, segundo ele "uma figura de fogo, horrendíssima, a chispar faíscas pelos olhos, contra ele". As forças do mal hoje se apresentam de diversas formas. Elas podem estar dentro de nós ou fora de nós. São Bento soube, em seu tempo, detectar essas forças e destruí-las pela raiz.

3. A Palavra de Deus que São Bento viveu

"Revesti-vos da armadura de Deus para poderdes resistir às insídias do diabo. Tomai, pois, a armadura de Deus, para que possais resistir no dia mau e, vitoriosos em tudo, mantenhais-vos inabaláveis. Ficai alerta, cingidos com a verdade, o corpo revestido com a couraça da justiça e os pés calçados, prontos para anunciar o Evangelho da paz. Empunhai a todo momento o escudo da fé, com o que podereis inutilizar os dardos inflamados do maligno. Tomai, enfim, o capacete da salvação e a espada do espírito, que é a Palavra de Deus. Vivei em oração e em súplicas" (Ef 6,11.13-18).

Leia mais vezes esse texto bíblico, meditando-o, saboreando suas palavras.
— Como estou resistindo às forças do mal dentro e fora de mim?

4. Pedindo a intercessão de São Bento

Senhor, tende piedade de nós!
Cristo, tende piedade de nós!
Santa Maria, Mãe de Deus, rogai por nós!
São Bento, que resististes na fé ao demônio, rogai por nós!
São Bento, que vencestes o Maligno com o sinal da cruz, rogai por nós!
São Bento, que destruístes as forças do mal, rogai por nós!

São Bento, que na vigilância e na oração derrotastes o Maligno, rogai por nós!

Momento para fazer nossos pedidos e agradecimentos. Reze por alguém que está tomado pelas forças do mal, pedindo sua libertação.

5. Oração a São Bento (p. 9)

4º Dia
Cortar o mal pela raiz

1. Oração (p. 7)

2. Olhando para a vida de São Bento

São Bento combateu com toda energia os pecados da língua. A murmuração de quem nunca está contente com nada. Nada lhe serve. A murmuração que mina a paz da comunidade e semeia divisão, mal-estar entre os membros. E os comentários desrespeitosos da vida dos outros, pelos quais nós os jogamos na sarjeta, matando-os de alguma forma. Chamava esses indivíduos de "toupeiras que solapam a paz do Senhor".

3. A Palavra de Deus que São Bento viveu

"Se alguém não pecar por palavras, já é homem perfeito, capaz de governar com freio todo o corpo. Pomos freios na boca dos cavalos para que nos obedeçam e assim lhes governamos todo o corpo. Vede também os navios: por grandes que sejam e mesmo agitados por ventos impetuosos, um pequenino leme os governa segundo a vontade do piloto. Assim também a língua é um membro pequeno mas se gloria de grandes coisas. Vede como uma pequena chama basta para incendiar todo um grande bosque. Também a língua é um fogo. Como um mundo de iniquidade, a língua está entre nossos membros a contaminar todo o corpo. Inflama o ciclo de nossa existência, sendo atiçada pelo inferno. Feras, aves, répteis e animais marinhos de todas as espécies são domesticáveis e têm sido domados pelo homem, mas a língua nenhum homem é capaz de domar. É um mal irrequieto e está cheia de veneno mortífero. Com ela bendizemos o Senhor e Pai, com ela amaldiçoamos os homens, feitos à imagem de Deus" (Tg 3,2-9).

Leia mais vezes esse texto bíblico, meditando-o, saboreando suas palavras.
— A quem estou prejudicando pelo mau uso de minha língua?

4. Pedindo a intercessão de São Bento

Senhor, tende piedade de nós!
Cristo, tende piedade de nós!
Santa Maria, Mãe de Deus, rogai por nós!
Para que usemos de nossa língua só para o bem, São Bento, rogai por nós!
Para que de nossa boca saia o louvor e a glória a Deus, São Bento, rogai por nós!
Para que de nossa boca só saia palavras que edifiquem e construam a paz, São Bento, rogai por nós!
Para que saibamos controlar nossa língua, não comentando, não falando mal dos irmãos, São Bento, rogai por nós!

5. Oração a São Bento (p. 9)

5º Dia
A verdadeira riqueza

1. Oração (p. 7)

2. Olhando para a vida de São Bento

São Bento sempre buscou a santidade. Mesmo dentro de uma vida um tanto longe de Deus, sentia uma atração profunda por Ele. Isso fez com que ele deixasse tudo e começasse a fazer um caminho mais decidido na direção aonde Deus queria levá-lo. Foi para o deserto, vivendo na solidão e na oração. Depois foi para o convívio de uma comunidade de irmãos, tornando-se o Pai espiritual deles. Aí viveu até a morte.

3. A Palavra de Deus que São Bento viveu

"Tendo entrado em Jericó, ele atravessava a cidade. Havia ali um homem chamado Zaqueu, que era rico e chefe de publicanos. Ele procurava ver quem era Jesus mas não conseguia por causa da multidão e porque era de baixa estatura. Correu então à frente e subiu num sicômoro para ver Jesus que iria passar por ali. Quando Jesus chegou ao lugar, levantou os olhos e disse-lhe: 'Zaqueu, desce depressa, pois hoje devo ficar em tua casa'. Ele desceu imediatamente e recebeu-o com muita alegria" (Lc 19,1-6).

Leia mais vezes esse texto bíblico, meditando-o, saboreando suas palavras.
— Zaqueu fez tudo o que pôde para ir ao encontro de Jesus e com ele ficar. E eu, o que faço?

4. Pedindo a intercessão de São Bento

Senhor, tende piedade de nós!
Cristo, tende piedade de nós!
Santa Maria, Mãe de Deus, rogai por nós!
São Bento, que fizestes caminho na direção de Deus, rogai por nós!
São Bento, que matastes vossa sede repousando em Deus, rogai por nós!
São Bento, que experimentastes a paz que só Deus pode dar, rogai por nós!

São Bento, que tivestes Deus como único e necessário, rogai por nós!
São Bento, que levastes a sério o caminho de santidade, rogai por nós!

5. Oração a São Bento (p. 9)

6º Dia
O poder da Oração

1. Oração (p. 7)

2. Olhando para a vida de São Bento

São Bento foi um homem de oração, muito íntimo de Deus. Nele vivia e com ele conversava sempre, como dois amigos inseparáveis. Por causa disso sua palavra tinha força e poder para mudar corações e situações de desgraça em graça. Ele, mais do que ninguém, acreditou naquelas palavras da Bíblia: "é preciso rezar sempre e nunca deixar de rezar". Ele, como os discípulos de Jesus, pediu-lhe: "Senhor, ensinai-nos a rezar!"

3. A Palavra de Deus que São Bento viveu

"Achando-se Jesus a rezar num certo lugar, disse-lhe um de seus discípulos quando ele acabou: 'Senhor, ensina-nos a rezar como João ensinou

a seus discípulos'. Disse-lhes então: 'Quando rezardes, dizei: Pai, santificado seja o teu nome, venha o teu Reino, dá-nos cada dia o pão necessário; perdoa-nos os pecados, pois também nós perdoamos a todos os que nos ofenderam, e não nos ponha à prova'" (Lc 11,1-4).
"Orai uns pelos outros para serdes curados. Muito pode a oração do justo. Elias era um homem fraco como nós. Orou para não chover e não choveu sobre a terra durante três anos e seis meses. Orou novamente e o céu enviou chuva e a terra produziu fruto" (Tg 5,16-18).

Leia mais vezes esse texto bíblico, meditando-o, saboreando suas palavras.
— Converso sempre com Deus?
— Falo dos outros a Deus?
— Rezo? Quando? Como? Onde?

4. Pedindo a intercessão de São Bento

Senhor, tende piedade de nós!
Cristo, tende piedade de nós!
Santa Maria, Mãe de Deus, rogai por nós!
São Bento, amigo de Deus, rogai por nós!

São Bento, grande orante, rogai por nós!
São Bento, que rezastes pelos outros, rogai por nós!
São Bento, que acreditastes na força da oração, rogai por nós!
São Bento, que estais no céu com Deus, rogai por nós!

5. Oração a São Bento (p. 9)

7º Dia
Dons de Deus

1. Oração (p. 7)

2. Olhando para a vida de São Bento

São Bento foi agraciado por Deus com muitos dons. Um deles era o de perscrutar os corações, conhecer seus sentimentos. Outro, o dom de conhecer o futuro. Tinha também o dom da compunção: tinha uma consciência profunda do pecado e dele sentia muito pesar. Dele também era o dom das lágrimas: expressão de dor por causa da maldade ou de alegria incontida diante das revelações de Deus em sua vida, na vida do mundo.

3. A Palavra de Deus que São Bento viveu

"Há diversidade de dons, mas um mesmo é o Espírito. Há diversidade de ministérios, mas um mesmo é o Senhor. Há diferentes atividades, mas um mesmo é Deus que realiza todas as coisas em todos. A cada um é dada a manifestação do Espírito em vista do bem comum. A um é dada pelo Espírito a palavra de sabedoria. A outro, a palavra de ciência segundo o mesmo Espírito. A outro, a fé no mesmo Espírito. A outro, o dom de curas no mesmo Espírito. A outro, o poder de fazer milagres. A outro, o dom da profecia. A outro, discernimento de espíritos. A outro, falar línguas estranhas. A outro, interpretação de línguas. Todas estas coisas as realiza um e o mesmo Espírito, que distribui a cada um conforme quer" (1Cor 12,4-11).

Leia mais vezes esse texto bíblico, meditando-o, saboreando suas palavras.
— Deus me deu dons para colocar a serviço da comunidade.
— Quais são?
— Como os uso?

4. Pedindo a intercessão de São Bento

Senhor, tende piedade de nós!
Cristo, tende piedade de nós!
Santa Maria, Mãe de Deus, rogai por nós!

São Bento, em quem o Espírito manifestou tantos dons, rogai por nós!
São Bento, enriquecido pelo dom da compunção, rogai por nós!
São Bento, enriquecido pelo dom das lágrimas, rogai por nós!
São Bento, enriquecido pelo dom da profecia, rogai por nós!
São Bento, ungido e enviado pelo Espírito, rogai por nós!

5. Oração a São Bento (p. 9)

8º Dia
Confiar no amor de Deus

1. Oração (p. 7)

2. Olhando para a vida de São Bento

Os monges do mosteiro de Metten não sofriam os malefícios de feiticeiras temíveis da Baviera. Descobriram o motivo: havia várias cruzes esculpidas em suas paredes. Encontraram depois na biblioteca um livro com escritos antiquíssimos, dentre eles vários sobre a cruz, acompanhados de desenhos. Um deles era o de São Bento, com um bastão em forma de cruz. Acima, a inscrição: A cruz sagrada seja a minha luz. Não seja o dragão meu guia. Da mão esquerda caía uma flâmula com os dizeres: Retira-te, Satanás! Nunca me aconselhes coisas vãs! É mal o que tu ofereces. Bebe, tu mesmo, os teus venenos! Daí nasceu, mais tarde, a medalha milagrosa de São Bento.

3. A Palavra de Deus que São Bento viveu

"Chegando a Betsaida, trouxeram-lhe um cego e lhe suplicaram que o tocasse. Jesus tomou o cego pela mão e o levou para fora da aldeia. Aplicando-lhe saliva nos olhos e impondo as mãos, perguntou-lhe: 'Vês alguma coisa?' O cego levantou os olhos e respondeu: 'Olho os homens e vejo como árvores que andam'. A seguir Jesus lhe impôs de novo as mãos nos olhos e ele começou a ver distintamente e ficou restabelecido, vendo tudo, mesmo de longe" (Mc 8,22-25).

Leia mais vezes esse texto bíblico, meditando-o, saboreando suas palavras.
— Quem preciso levar até Jesus para que veja?
— Aceito que outros me levem até Jesus?
— Quais os sinais que Deus usa para encontrar-se comigo?

4. Pedindo a intercessão de São Bento

Senhor, tende piedade de nós!
Senhor, tende piedade de nós!
Santa Maria, Mãe de Deus, rogai por nós!

São Bento, que conduzistes tantos "cegos" à luz de Deus, rogai por nós!
São Bento, que permitistes que Jesus vos tocasse e pudésseis ver, rogai por nós!
São Bento, que através de vossa medalha Deus opera maravilhas, rogai por nós!
São Bento, que nos conduzistes a Jesus, rogai por nós!
São Bento, amado de Deus, rogai por nós!

5. Oração a São Bento (p. 9)

9º Dia
Deus não se esquece dos que sofrem

1. Oração (p. 7)

2. Olhando para a vida de São Bento

Houve um assalto a uma casa. Havia ali uma criança de 3 anos que presenciando tudo entrou em pânico e foi tomada de uma febre violenta, durante cinco dias. Alguém, que tinha a medalha de São Bento, sugeriu que a colocasse num copo com água e depois desse de beber ao menino. Isso feito, a febre o deixou e não mais voltou. "Parece notável" — diz um missionário — "que essa medalha tenha tão grande poder contra o medo e tudo o que dele procede, sobretudo em crianças... Utilizei-a para febres contínuas, cotidianas, ou periódicas, e não me recordo de ter visto febre alguma, pertinaz que fosse, resistir a tal remédio".

3. A Palavra de Deus que São Bento viveu

"Os israelitas partiram do monte Hor em direção ao Mar Vermelho para contornarem o país de Edom. Durante a viagem o povo perdeu a coragem e se pôs a murmurar contra Deus e contra Moisés, dizendo: 'Por que nos fizestes subir do Egito? Para morrermos no deserto? Não há comida nem água e já estamos enfastiados deste alimento miserável'. Então o Senhor mandou contra o povo serpentes venenosas que os picavam e muita gente de Israel morreu... Moisés intercedeu em favor do povo. O Senhor lhe respondeu: 'Faze uma serpente venenosa e coloca-a sobre um poste. Quem for mordido e olhar para ela, ficará curado'. Moisés fez uma serpente de bronze e a colocou sobre um poste. Quando alguém era mordido por uma serpente, olhava para a serpente de bronze e ficava curado" (Nm 21, 4-6.8-9).

Leia mais vezes esse texto bíblico, meditando-o, saboreando suas palavras.
— A cruz de Jesus é lugar de cura e de bênção para nós. Nela selou-se definitivamente a nova Aliança de Deus com a humanidade: o que significa a cruz para mim?

4. Pedindo a intercessão de São Bento

Senhor, tende piedade de nós!
Cristo, tende piedade de nós!
Santa Maria, Mãe de Deus, rogai por nós!
São Bento, nosso intercessor junto a Deus, rogai por nós!
São Bento, que nos mostrais a cruz como sinal de cura e vida, rogai por nós!
São Bento, que sois sensível aos nossos problemas e dificuldades, rogai por nós!
São Bento, que na vossa medalha afugentais toda maldade, rogai por nós!
São Bento, nosso protetor, rogai por nós!

5. Oração a São Bento (p. 9)